Dirección editorial: Gabriel Brandariz
Proyecto y coordinación editorial: Teresa Tellechea
Coordinación de diseño: Margalida Gómez
Corrección: Francisco José Carvajal

© del texto: Ana María Romero Yebra, 2020
© de las ilustraciones: Natalia Colombo, 2020
© Ediciones SM, 2020
   Impresores, 2 - Parque Empresarial Prado del Espino
   28660 Boadilla del Monte (Madrid)
   www.grupo-sm.com

ISBN: 978-84-1318-565-1
Depósito legal: M-8958-2020
Impreso en la UE / *Printed in EU*

Cualquier forma de reproducción, distribución, comunicación pública
o transformación de esta obra solo puede ser realizada con la autorización
de sus titulares, salvo excepción prevista por la ley. Diríjase a CEDRO
(Centro Español de Derechos Reprográficos, www.cedro.org)
si necesita fotocopiar o escanear algún fragmento de esta obra.

LA LLAMA MATILDE

Un cuento en verso
de **Ana María Romero Yebra**
ilustrado por **Natalia Colombo**

Nació la llama Matilde en Perú, en el altiplano, y desde muy pequeñita forma parte de un rebaño.

Le gustan los pastos tiernos que crecen por las montañas y llegar hasta la cumbre de cordilleras nevadas.

Tiene los ojos muy dulces, fuertes patas con pezuñas y el pelaje más suave que la alpaca o la vicuña.

Su mamá la cuida mucho,
está muy bien educada,
y le dice que no escupa
cuando por algo se enfada.

Aunque Matilde es preciosa,
piensa, toda convencida,
que si no baja unos kilos,
su figura está perdida.

Y para ponerse en forma, empieza cada mañana dando carreras y saltos para ver si así adelgaza.

—¡Uno, dos, tres, cuatro, cinco!
¡Ay, qué dolor! ¡Qué agujetas!
No me sirven las flexiones...
¡Voy a tener que hacer dieta!

Ahora van los ejercicios para afinar la cintura… ¡No sé si podré librarme de esta tremenda gordura!

—¡Ay, qué tonta eres, Matilde!
—le dijo don Caracol—.
Yo te encuentro encantadora
y radiante como el sol.

—¿Tú te has visto en el espejo
de los lagos o en el río?
¡Mírate con buenos ojos
lo mismo que yo te miro!

—¿Es que puede ser, amigo
—le preguntó presumida—,
que, aunque me sobre algún kilo,
también resulte atractiva?

—¡Pues claro que sí, Matilde!
Los guanacos, tus vecinos,
siempre que estás cerca de ellos,
lanzan al aire suspiros.

—Y tenerte de pareja
a muchos les gustaría.
¡Olvida gimnasia y dieta
y no hagas más tonterías!

—Yo soy pequeño y baboso,
pero me trae sin cuidado
porque hay que estar orgulloso
de cómo nos han creado.

—Haz caso de mi consejo,
pues te digo de verdad
que solo cuando te aceptas
llega la felicidad.

—Sin duda me has convencido,
y entiendo bien tus razones.
Dejaré las tonterías
porque tengo otros valores.

Como soy ágil y fuerte,
trepando por las montañas
puedo ayudar a mi dueño
a llevar pesos y cargas.

Mi pelaje servirá,
después de que se haya hilado,
para chullos y bufandas
de niños del altiplano.

Teñido de mil colores,
en suaves ponchos y mantas,
será como un arco iris
que los abriga y resguarda.

Y repartiré ilusión
a llamitas y personas
si están cansadas o tristes
porque se encuentran muy solas.

Eso me hará más feliz
que la gimnasia y la dieta.
Ayudar a los demás
siempre es la mejor receta.